AF312750

LE
CAPITAINE GEORGETTE

VAUDEVILLE EN UN ACTE

DE

MM. SIRAUDIN, DELACOUR & G. HARMANT

Représenté pour la première fois, à Paris, sur le théâtre du Palais-Royal,
le 1er juillet 1860.

PARIS
LIBRAIRIE NOUVELLE
BOULEVARD DES ITALIENS, 15

—

A. BOURDILLIAT ET Cᵉ, ÉDITEURS

—

—

1860

PERSONNAGES

—

PITANCHOIS .... MM. Fizelier.
DUBRANCARD........................ Mercier.
GEORGETTE.. .... Mlles Cico
LOUISE............................ Charlotte Prévost.

———

La scène se passe à Paris, de nos jours, chez Georgette.

LE
CAPITAINE GEORGETTE

Le théâtre représente une chambre simplement meublée. Porte au fond ;
portes à gauche et à droite; une croisée, troisième plan à droite. Gué-
ridon, chaises et un banc; une cheminée près de la fenêtre, une caisse
à bois, dans la cheminée.

SCÈNE PREMIÈRE

PITANCHOIS, en costume de pioupiou : il est occupé devant une terrine
placée sur un trépied, à savonner des cols et des manchettes de femme,
chantant.

> Qui donc au régiment
> A le plus d'agrément
> Et sans avoir le sou...
> S'amuse comme un fou ?
> C'est le tou, tou, tou (*bis*),
> C'est le tourlourou.

Ah ! je t'en fiche, qu'on s'amuse au régiment... j'aime bien mieux
le service que je fais ici auprès de mamzelle Georgette... allons,
bon !... mon savon qui ne mousse pas !... (Il savonne avec force.)
Attends, je vais te faire mousser !

> C'est le tou, tou, tou,
> C'est le tou, tou, tou.

Et puis, elle est si gentille mamzelle Georgette !... (Montrant les
cols et les manchettes.) Faut voir comme tous ces brimborions-là lui
vont bien! C'est égal! si mes anciens camarades de la 5e, du 2e, du
17e léger, dans quoi que j'étais incorporé, me voyaient en ce mo-

ment... y s'ficheraient un peu de moi... mais je m'en moque pas mal de la 5ᵉ compagnie du 2ᵉ bataillon... moi, d'abord je veux que mamzelle Georgette trouve tous les jours, un col et des manchettes propres... C'est bien le moins, après ce qu'elle a fait pour moi. Là ! v'là qui est terminé. (Il enlève la terrine et va suspendre les cols et les manchettes à une corde tendue à la fenêtre, troisième plan à droite.)

C'est le tou, tou, tou,
C'est le tou, tou, tou...

SCÈNE II

PITANCHOIS, DUBRANCARD.*

DUBRANCARD, entrant avec précipitation.

Voilà trois jours que je n'ai vu mamzelle Georgette. (Apercevant Pitanchois.) Oh ! un pantalon garance !

PITANCHOIS, se retournant.

Un masculin ! (Saisissant son fusil dans un coin.) Qui vive ?

DUBRANCARD.

Qui vive ! Palsembleu !... c'est moi... Anthinoüs Dubrancard... propriétaire et gentilhomme... rue du grand Hurleur.

PITANCHOIS.

On ne passe pas !

DUBRANCARD.

Comment, on ne passe pas ? (Regardant autour de lui.) Pardon militaire...

PITANCHOIS.

Après, bourgeois ?...

DUBRANCARD.

Je suis bien ici dans la gynécée de mademoiselle Georgette ?

PITANCHOIS.

Gynécée ? connais pas !

DUBRANCARD.

Je veux dire dans la demeure de mademoiselle Georgette.

PITANCHOIS.

Eh bien ! qu'est-ce que vous lui voulez ?

* Dubrancard, Pitanchois.

DUBRANCARD.

Je désirerais lui déposer mon hommage !...

PITANCHOIS.

On ne dépose rien ici !

DUBRANCARD.

Ah ! mais...

PITANCHOIS.

Ah ! mais, vous m'embêtez à la fin !

DUBRANCARD.

Comment ! vous m'embêtez !...

PITANCHOIS.

Filez, ou vous aurez affaire à moi... Claude Pitanchois... du 17ᵉ léger.

DUBRANCARD, à part.

Est-ce un frère, ou un cousin... du 17ᵉ léger.

PITANCHOIS.

Filez... ou je vous larde !

DUBRANCARD, prenant une chaise pour se défendre.

Mais non, pas de bêtises... mon officier... pas de bêtises, mon général. (Il se réfugie jusqu'à la porte et disparaît de manière à ne laisser voir que la tête.)

SCÈNE III

Les Mêmes, GEORGETTE.*

GEORGETTE.

Quel est ce bruit ?

PITANCHOIS, portant les armes à Georgette qui lui rend le salut militaire.

Mon supérieur, c'est un civil qui veut s'introductionner chez vous.

DUBRANCARD, ne montrant toujours que sa tête.

Permettez... je...

* Georgette, Dubrancard, Pitanchois.

PITANCHOIS.

Ne reflexionnons pas.

GEORGETTE.

Ah ! c'est monsieur.

DUBRANCARD.

Moi-même, Anthinoüs Dubrancard, je venais pour une commande.

GEORGETTE.

Une commande? Entrez !... (Elle fait un signe à Pitanchois qui cesse de croiser la baïonnette.)

DUBRANCARD.

Ah ! voyez-vous pioupiou... désarmez... déposez-ette ! (Pitanchois replace son fusil dans un coin.)

GEORGETTE.

Nous disons une commande...

DUBRANCARD.

De douze chapeaux... en dentelles... avec des plumes tricolores...

GEORGETTE.

Tricolores ?

DUBRANCARD.

Oui... c'est pour la reine d'Otaïti... (A part.) Le biais est heureux !

GEORGETTE.

Comment, douze chapeaux !...

DUBRANCARD, bas.

Renvoyez ce soldat, il faut que je vous parle.

SCÈNE IV

LES MÊMES, LOUISE.

LOUISE, entrant en chantant.

Ah ! qu'il fait donc bon,
Qu'il fait donc bon.

PITANCHOIS.

Qui vive ?

LOUISE, effrayée.

Oh !

GEORGETTE.

C'est Louise !... mon amie... ma bonne Louise !

LOUISE, regardant Pitanchois avec étonnement.

Que j'ai donc eu peur !...*

GEORGETTE, à Dubrancard.

Désolée, monsieur, mais je suis trop occupée en ce moment pour pouvoir accepter votre commande... Pitanchois !

PITANCHOIS.

Mon supérieur ?

GEORGETTE.

Reconduisez monsieur !

PITANCHOIS.

Suffit ! (Il va dans un coin prendre son sabre.)

DUBRANCARD, à lui-même.

Ménageons-nous un adroit prétexte pour revenir... Ah ! oublions mes gants dans ce sucrier... (Il met ses gants dans le sucrier placé sur la cheminée et le referme.)

PITANCHOIS.

Par file à droite... hue !

DUBRANCARD.

Voilà, voilà, mes demoiselles. (Se sauvant devant Pichanchois qui le menace.) Voilà ! voilà !

(Ils sortent.)

SCÈNE V

LOUISE, GEORGETTE,** puis PITANCHOIS.

LOUISE.

Ah çà ! quel est ce pioupiou qui reconduit si bien tes visiteurs ?

GEORGETTE.

Je t'expliquerai ça tout à l'heure... parlons d'abord de toi... quel bon vent t'amène depuis quinze jours que je ne t'ai vue ?

* Louise, Georgette, Dubrancard, Pitanchois.
** Louise, Georgette.

LOUISE.

J'étais, comme tu le sais, dans un magasin... je sortais peu... mais, aujourd'hui, je sors tout à fait.

GEORGETTE.

On te renvoie ?

LOUISE.

Du tout... on m'exproprie... on démolit la maison, la rue, le quartier, que sais-je ? les maçons ont tout envahi... et me voilà sans travail !...

GEORGETTE.

Alors, tu passes la journée avec moi ?

LOUISE.

Naturellement. Tu me donneras l'adresse de ton magasin et j'irai tantôt pour avoir de l'ouvrage.

PITANCHOIS, rentrant et essuyant la lame de son sabre sur sa manche.*

C'est fait, mon supérieur... je l'ai reconduit jusqu'au bas.

GEORGETTE.

C'est bien, monsieur Pitanchois... laissez-nous causer un moment, n'est-ce pas ?

PITANCHOIS.

Suffit, mon supérieur... je vas vernir vos bottines.

GEORGETTE.

Oh ! ne vous donnez pas cette peine.

PITANCHOIS.

C'est mon devoir, mamzelle... en même temps que c'est mon plaisir ! (Il entre à gauche.)

SCÈNE VI

LOUISE, GEORGETTE **

LOUISE.

Mais il est très-galant ce jeune homme. Ah çà ! voyons... Maintenant... explique-moi sa présence ici.

* Louise, Georgette, Pitanchois.
** Louise, Georgette.

GEORGETTE.

Voilà la chose... Pitanchois est un pauvre garçon de mon pays
que j'ai connu, il y a un an, en Italie... Il était soldat dans mon
régiment...

LOUISE.

Comment! ton régiment?

GEORGETTE.

Sans doute, le régiment où j'étais vivandière.

LOUISE.

C'est juste!... J'oubliais qu'à la mort de ton père, tu servais
avec lui.

GEORGETTE.

Quand nous rentrâmes en France, j'étais seule... orpheline... je
quittai le régiment, et je pris cette modeste chambre... où je me
mis à travailler. Pitanchois obtint un congé qu'il alla passer à Isigny, auprès de sa mère... Quand il revint, il fut caserné à Paris, à
l'Ave-Maria. Il profitait de ses jours de congé pour venir me voir.

LOUISE.

Naturellement... continue...

GEORGETTE.

Je m'apercevais qu'il était très-malheureux au régiment... il dé-
périssait à vue d'œil.

LOUISE.

Le service militaire ce n'est pas gai...

GEORGETTE.

Et puis, la gamelle, les corvées, la salle de police, ça ne lui allait
guère .. il pleurait quelquefois en me racontant tout cela... tu comprends ça me faisait de la peine... Or, grâce à mes économies,
j'avais mis de côté une somme de deux mille francs et un beau
jour, il me prit la fanfaisie de faire le bonheur de ce pauvre Pitanchois, et de lui acheter un remplaçant ou, comme on dit : un
homme, et il y a trois jours que je l'ai libéré.

LOUISE.

Et ça t'a coûté deux mille francs ?

GEORGETTE.

Net! mais, je ne les regrette pas. Si tu avais vu la joie de ce
pauvre garçon... Il chantait! il dansait, il m'embrassait les mains!...
Et d'abord, comme il ne pouvait pas me rendre l'argent que j'ai
dépensé pour lui, il a absolument voulu me souscrire une lettre de
change, puis, il m'a dit : « Mademoiselle, j'avais encore quatre ans
à faire au service du gouvernement, eh bien, c'est au votre que je

les ferai... je veux vous épargner une femme de ménage, un frotteur, un commissionnaire, une cuisinière et une blanchisseuse ! »

LOUISE.

Oh! mais, c'est charmant !

GEORGETTE.

Et, en effet, depuis trois jours, je ne m'occupe plus de rien... c'est lui qui blanchit mes cols, qui vernit mes bottines, qui frotte ma chambre, qui fait mes commissions... ne voulait-il pas hier, apprendre à monter des bonnets et des chapeaux, pour travailler avec moi... et me faire gagner de l'argent !

LOUISE, riant.

Un militaire modiste !

GEORGETTE.

Sans doute qu'il fait sentinelle à ma porte... Oh! je suis bien gardée, va... et les amoureux n'ont pas beau jeu avec lui... tu as vu, du reste, il n'y a qu'un instant... monsieur Dubrancard.

LOUISE.

Qui ça? Ah! ce vieux de tout à l'heure.

GEORGETTE.

Un amoureux de la rue du grand Hurleur !

LOUISE.

Mais tout ça ne m'explique pas son costume... ce fusil!

GEORGETTE.

Oh! mon Dieu rien de plus simple. Une vieille défroque qu'il a achetée. Il prétend faire son service près de moi, militairement, comme il le faisait à la caserne... il m'a nommée son capitaine.

LOUISE.

Bah! le capitaine Georgette !

GEORGETTE.

Je joue aux soldats!... c'est très-amusant!... si tu m'entendais commander...

LOUISE.

Vraiment !

GEORGETTE.

AIR de Mangeant.

Comme un vétéran au service,
Je sais commander l'exercice.
Il faut devant moi filer doux (bis).
Je ne suis pas toujours facile.

Allons, soldats! fixe! immobile!...
Allons, allons, l'œil à quinze pas devant vous!
Garde à vous!
Quelle posture?
Le petit doigt
Droit
Sur la couture
Du pantalon.
Bon!
De la tournure
Et du maintien
Bien!
Ram, plan, plan, plan.

(Elle imite le tambour.)

A gauche, alignement! Portez, armes! Présentez, armes! Par file à droite... pas accéléré... arche!

Et folle grisette,
D'un air spadassin,
Je marche à la tête
De mon fantassin.

(Elle défile en imitant la trompette.)*

Selon mon plaisir,
Il faut obéir,
Car dans ma caserne,
C'est moi qui gouverne.
Bonheur sans égal,
Je suis général,
J'ai le droit de faire } *bis.*
La paix ou la guerre, {
Car d'un militaire
Je suis général!
Comme un vétéran au service,
Je sais commander l'exercice.
Il faut devant moi filer doux (*bis.*)
Garde à vous!

LOUISE.

Certainement, tout ça est très-gentil, très-amusant; mais où veux-tu en venir avec ton soldat? je pense bien que tu n'as pas l'intention de le garder comme ça pendant quatre ans auprès de toi.

GEORGETTE.

Pourquoi donc pas?

LOUISE.

Comment, pourquoi donc pas? mais parce qu'un jeune homme et une jeune fille... Enfin, tu me comprends bien.

* Georgette, Louise.

GEORGETTE.

Mais non, je te jure.

LOUISE.

Laisse-moi donc... tu ne comprends pas que ça fera jaser ?

GEORGETTE, changeant de ton.

Eh bien, oui, je te comprends, mais rassure toi. Ne devines-tu pas que pour faire ce que j'ai fait, il fallait avoir pour Pitanchois plus que de l'amitié ?

LOUISE.

Allons donc !... tu l'aimes...

GEORGETTE.

Évidemment... sans cela, est-ce que j'aurais sacrifié mes économies ?

LOUISE.

Très-bien ! à quand la noce ?

GEORGETTE.

Dame ! je n'en sais rien.

LOUISE.

Comment ! tu ne lui en as pas encore parlé ?

GEORGETTE.

Plusieurs fois, j'ai voulu le faire... j'ai essayé... mais, quand j'amène la conversation sur ce chapitre, il me parle d'autre chose .. il se trouble... et...

LOUISE.

Eh bien, moi... je me charge de lui parler... tu n'oses pas le faire, je le ferai et pas plus tard qu'aujourd'hui.

GEORGETTE.

Vraiment ?

LOUISE.

Ah ! le voilà.

SCÈNE VII

LES MÊMES, PITANCHOIS.

PITANCHOIS, tenant à la main une bottine qu'il vernit.

Pardon, mon supérieur... mais je voulais vous dire...

GEORGETTE.

Qu'y a-t-il, monsieur Pitanchois? *

PITANCHOIS.

C'est à cause de ce pinceau... faudra en acheter un autre... vu que celui-là se fait vieux et qu'il perd ses poils.

GEORGETTE.

C'est bien... quand je sortirai.

PITANCHOIS.

Ah! c'est que je veux que vous soyez vernie comme une duchesse.

GEORGETTE, bas à Louise.

Brave garçon !

PITANCHOIS, admirant la bottine.

Quand on a un pied comme ça... un amour de pied... (Il s'oublie et porte vivement la bottine à ses lèvres.) Oh!

LOUISE, vivement.

Qu'est-ce que vous faites donc?

PITANCHOIS.

Moi, rien... (A part en s'essuyant le nez.) Je m'ai verni le nez.

LOUISE, bas à Georgette.

Je crois le moment favorable... laisse-moi seule avec lui.

GEORGETTE, bas à Louise.

C'est ça. (Haut.) Donne-moi ton châle... je vais le poser sur mon lit... ensuite, nous dînerons.

PITANCHOIS, vernissant toujours.

Le fricot est sur le feu, et je m'ai signalé, mon supérieur... je me flatte que vous serez contente.

ENSEMBLE.

AIR *de Mangeant* (Koukouli.)

LOUISE.

Par un adroit détour,
Oui, je vais en ce jour,
Savoir quelle est son espérance.
Mon cœur a confiance,
Et je crois son amour
Largement payé de retour.

* Georgette, Louise, Pitanchois.

GEORGETTE.

Par un adroit détour,
Oui, tu peux en ce jour,
Savoir quelle est son espérance.
Mon cœur a confiance,
Et je crois mon amour
Largement payé de retour.

PITANCHOIS.

Dans cet heureux séjour,
Je vis au jour le jour...
Mais par mes soins, ma vigilance,
Je saurai, je le pense,
De mon cœur plein d'amour,
Acquitter la dette à mon tour.
(Georgette entre à gauche.)

SCÈNE VIII

PITANCHOIS, LOUISE.*

LOUISE.

Comment, monsieur, c'est vous qui faites la cuisine?

PITANCHOIS.

Certainement, mamzelle, pourquoi pas?

LOUISE.

C'est qu'il me semble que ce n'est guère l'affaire d'un homme.

PITANCHOIS.

Ah! bah! Eh bien... au régiment.

LOUISE.

Au régiment... sans doute... mais ici!...

PITANCHOIS.

D'ailleurs, pour mamzelle Georgette... mais je ferais tout.

LOUISE.

Et vous avez raison, elle est si bonne!

PITANCHOIS.

Tenez... il y a des moments ousque je voudrais que le feu prenne
à sa chambre... ou ben qu'elle tombe à l'eau... pour m'y jeter...
et la sauver.

* Louise, Pitanchois.

LOUISE.

C'est très-bien, ça prouve que vous l'aimez.

PITANCHOIS.

Oh! je crois bien!

LOUISE.

Elle vous aime bien aussi... et je crois que vous serez très-heureux en ménage.

PITANCHOIS.

Oh! mais nous le sommes déjà... Elle chante du matin au soir... et moi, ça me fait plaisir...

LOUISE.

Oui, mais en ménage... je veux dire quand vous serez mariés...

PITANCHOIS, riant.

Hein! mariés...

LOUISE.

Q'avez-vous donc?

PITANCHOIS.

Moi... rien... c'est... c'est le vernis qui fait les yeux...

LOUISE, à part.

Il est troublé! (Haut.) Ah! le vernis fait des yeux!

PITANCHOIS, très-troublé.

Oui... et pour lors, quand le vernis... (Lui montrant la bottine.) Tenez... en v'là encore... des yeux.

LOUISE.

Vous avez bien dû penser quelquefois à vous marier?'

PITANCHOIS, gaiement.

Oh! j'ai pas le temps... Je suis très-occupé ici... et puis, pourquoi faire?

LOUISE.

Comment! pourquoi faire?

PITANCHOIS.

L' mariage... c'est comme les invalides... on a toujours le temps d'y entrer!

LOUISE, riant.

Ah! permettez... ce n'est pas la même chose!...

PITANCHOIS.

Oh! tout de même.

* Pitanchois, Louise.

LOUISE.

Et puis, c'est si gentil, un petit ménage... une petite famille...

PITANCHOIS.

Oh! des mioches! vous aimez ça, les mioches?... alors, faut vous marier.

LOUISE.

Il ne s'agit pas de moi... mais de Georgette... C'est une jolie fille... bonne... dévouée...

PITANCHOIS, s'animant.

Oh! pour ça!... (Changeant de ton.) Pardon... le fricot me réclame...

LOUISE, le retenant.

Écoutez donc...* Je suis sûre que vous feriez un excellent mari...

PITANCHOIS.

Oh! oh! peut-être... on ne sait pas... (Changeant de ton.) Le bœuf... c'est-y à la vinaigrette que vous l'aimez?...

LOUISE.

Il n'est pas question de vinaigrette!

PITANCHOIS.

C'est aux cornichons... bien!

LOUISE.

Mais, non!... Je veux vous parler.

PITANCHOIS, s'en allant.

Cornichons pour trois!... boum!... (Il sort à droite.)

SCÈNE IX

LOUISE, puis GEORGETTE.

LOUISE.

Quel singulier garçon!... pas moyen de causer avec lui!... (Appelant.) Georgette!... Georgette!...

GEORGETTE.

Eh bien! que t'a-t-il dit?**

* Louise, Pitanchois.
** Louise, Georgette.

LOUISE.

Dame !... pas grand'chose... il m'a parlé de vernis... de vinaigrette, de cornichons... mais, impossible de le faire expliquer !

GEORGETTE.

Il est comme moi, il n'ose pas !

LOUISE.

Je ne sais, mais, prends garde !... ce bonhomme-là m'a tout l'air
d'un mauvais sujet ?

GEORGETTE, riant.

Pitanchois !... tu ne le connais pas !

LOUISE.

Au lieu de sauter au plafond quand je lui parle de se marier,
monsieur prend des grands airs !... il fait la coquette !

GEORGETTE, riant.

Pitanchois ?

LOUISE.

Il dit que le mariage, c'est comme les Invalides, qu'on a toujours
le temps d'y entrer !

GEORGETTE.

Les Invalides ! Qu'est-ce que c'est que ce genre !... Ah ! bien, je
vais joliment le recevoir !...

LOUISE.

Je crois que tu es trop bonne pour lui !

GEORGETTE.

Oh ! mais ça va changer !... Les Invalides!

SCÈNE X

LES MÊMES, PITANCHOIS.*

PITANCHOIS.

Pardon, excuse, mon supérieur.

GEORGETTE, brutalement.

Que voulez-vous ?

* Louise, Georgette, Pitanchois.

PITANCHOIS.

Il est une heure... faut il servir la ration?

GEORGETTE.

Servez... vous mettrez un couvert pour mon amie...

PITANCHOIS.

Suffit mon supérieur.

LOUISE, à Georgette.

Très-bien... parle-lui toujours comme ça...

GEORGETTE, à Louise.

Tu vas voir !...

PITANCHOIS, mettant le couvert.

Pardon, excuse, mon supérieur... je voulais vous demander, si c'était un effet de votre bonté de m'accorder, comme hier, une permission de dix heures.

GEORGETTE.

Non.

PITANCHOIS.

Je vas vous dire... c'est qu'il y a le ma'chal logis chef !...

GEORGETTE.

Comment dites-vous ?

PITANCHOIS.

Ma'chal logis chef et l'cap'taine... pour une partie de coch'net aux champs Lysées !... Messieurs... les officiers et s' s'officiers...

GEORGETTE.

Je n'entends pas.

PITANCHOIS.

Les officiers et les s' s'officiers... d'accord avec la prem' clar'nette !...

GEORGETTE.

C'est bien... en voilà assez !... Je vous ai dit non... c'est non !...

PITANCHOIS.

Suffit, mon supérieur... (Il entre à droite dans la cuisine.)

LOUISE.

Très-bien... continue.

GEORGETTE.

Je lui en prépare bien d'autres...

PITANCHIOS, *apportant le dîner.*

. Voilà le fricot !... à table ! mon supérieur, je crois que vous allez
être contente...

(Elles s'asseyent.)*

ENSEMBLE.

AIR *des Deux Aveugles.*

PITANCHOIS.	GEORGETTE, LOUISE.
Allons, à table !	Allons, à table !
Convive aimable,	Convive aimable,
Qu'ici s'attable	Qu'ici s'attable
Le vrai plaisir.	Le vrai plaisir.
Douce espérance,	De la vengeance
J'aurai, je pense,	L'heure s'avance,
L'heureuse chance	Mais du silence
De la servir.	Pour réussir.

GEORGETTE, *voyant Pitanchois qui va s'asseoir à table.*

Hem ? Qu'est-ce que c'est que ça ?... un simple soldat s'asseoir à
la table de ses chefs.

PITANCHOIS.

Dame ! mon supérieur... c'est que les autres jours...

GEORGETTE.

Allez manger dans un coin... Voilà votre ration !... (Elle lui remet
une boîte en fer blanc, du pain, etc.)

PITANCHOIS, *allant s'asseoir dans un coin.*

Ah ! je devine ! c'est à cause de son amie !

GEORGETTE.

Tu ne manges pas ?

LOUISE.

J'ai déjeuné tard...

PITANCHOIS, *mangeant.*

V' là une soupe cranement bonne !...

GEORGETTE.

Pouah !... ce potage est détestable... vous n'avez pas mis de
sel...

PITANCHOIS.

Oh ! mon supérieur.

GEORGETTE.

Vous n'avez pas mis du poivre...

* Pitanchois, Georgette, Louise.

PITANCHOIS.

Peut-être bien que pour le poivre...

GEORGETTE.

Vous ferez six heures de salle de police pour avoir oublié le poivre.

PITANCHOIS, étonné.

Hein ! six h... (Riant.) Eh ben ! ous qu'elle est la salle de police ?

GEORGETTE.

Dans un placard qui est au fond de la cuisine.

PITANCHOIS, à lui-même.

Elle va m'enfermer six heures dans un placard...

GEORGETTE.

Ce bœuf ne vaut rien...

PITANCHOIS.

Oh ! mon supérieur... c'est de la culotte.

GEORGETTE, se levant.

Enlevez tout ça... (Louise se lève.)

PITANCHOIS.

Sapristi ! c'est que je n'ai pas dîné.

GEORGETTE.

Vous dînerez demain...

PITANCHOIS, à part.

Ah çà !... qu'est-ce qu'elle a donc ? *

GEORGETTE.

Vous m'avez entendue.

PITANCHOIS, desservant.

Voilà, mon supérieur... (A lui-même.) Une soupe qui embaume... mais qu'est-ce qu'elle a donc ? (Il apporte un banc.)

GEORGETTE.

Donnez-nous les cartes...** Vous allez faire une partie de drogue avec nous...

PITANCHOIS.

C'est ça... v'là un jeu amusant...

GEORGETTE.

Je ne vous demande pas votre avis... Dépêchez-vous.

* Georgette, Louise, Pitanchois.
** Louise, Georgette, Pitanchois.

LOUISE.

Tu connais donc ce jeu là ?

GEORGETTE.

Je l'ai joué souvent avec mon père.

PITANCHOIS, disposant les cartes.

Elle est même très-forte, mon supérieur.

GEORGETTE.

C'est bien... mettez-vous là... (Pitanchois qui a apporté un banc, s'assied à l'un des bouts.) (Louise s'asseyant.) Tu vas voir, si je gagne, ce que je lui réserve. (A Pitanchois.) Donnez les cartes et jouez.

PITANCHOIS.

Je vas m'appliquer... (Il joue.) Du cœur... c'est la carte des amoureux...

GEORGETTE.

Voulez-vous vous taire.

LOUISE.

Je n'y comprends rien.

GEORGETTE.

Vous avez perdu cinq points.

PITANCHOIS, à part.

Je l'ai fait exprès... pour qu'elle me tapote sur la joue... comme hier... avec sa petite main.

GEORGETTE.

Donnez-moi l'épingle.

PITANCHOIS.

Voilà.

GEORGETTE, lui mettant l'épingle en bois sur le nez.

Approchez-vous et ne bougez pas.

PITANCHOIS.

Immobile, mon supérieur.

GEORGETTE, lui prenant l'oreille.

Avancez... avancez donc ! (Elle lui donne une très-forte chiquenaude.) Une !...

PITANCHOIS.

Oh ! la la !...

GEORGETTE.

Voulez-vous bien ne pas bouger...

PITANCHOIS, à part

Elle va me détraquer le nez. (Se replaçant.) Voilà mon supérieur !...

GEORGETTE.

Deux!... (Nouvelle chiquenaude.)

PITANCHOIS.

Oh!

GEORGETTE, nouvelle chiquenaude.

Trois!

PITANCHOIS.

Oh!...

GEORGETTE, à Louise.

A ton tour, j'ai le doigt fatigué...*

PITANCHOIS, à part.

Je le crois bien.

GEORGETTE, à Louise.

Tu as encore deux points à lui compter sur le nez.

LOUISE.

Attendez... (A elle-même.) Ah! le mariage... c'est comme les Invalides... (Haut.) Allons, avancez...

PITANCHOIS.

Ah! mais vous!...

GEORGETTE.

Avancez donc!

LOUISE, donnant une chiquenaude à Pitanchois.

Quatre.

PITANCHOIS.

Mâtin!

GEORGETTE.

Ne bougez pas.

LOUISE, cinquième chiquenaude.

Et cinq!...

PITANCHOIS.

Fichtre!... (Se levant et se frottant le nez.) Elles m'ont cassé le croquant... (Haut.) Heureusement que v'là qui est fini.

GEORGETTE, se replaçant.

Votre revanche.**

* Georgette, Louise, Pitanchois.
** Louise, Georgette, Pitanchois.

PITANCHOIS.

Je n'y tiens pas... mon supérieur...

GEORGETTE.

Votre revanche !...

PITANCHOIS, à part.

Elles vont me démantibuler tout à fait. (Haut.) Permettez.

GEORGETTE.

C'est bien... de la désobéissance... allez-vous-en.

PITANCHOIS.

Mais, mon supérieur.

GEORGETTE.

Allez-vous-en... Rangez tout dans la cuisine.

PITANCHOIS.

On y va, mon supérieur... (A part.) Mais qu'est-ce qu'elle a donc ce matin... (Il se dirige vers la cuisine en emportant le banc au moment où Dubrancard entr'ouvre la porte du fond.)

SCÈNE XI

LES MÊMES, DUBRANCARD.*

DUBRANCARD.

Peut-on entrer ?...

LOUISE, à Georgette.

Tiens ! le vieux !

PITANCHOIS, l'apercevant et se mettant en garde avec le banc.

On n'entre pas.

GEORGETTE.

Pourquoi cela?... Entrez donc monsieur... mais entrez donc... (Bas à Louise.) Il va me servir.

DUBRANCARD.

J'ai oublié mes gants... et je venais...

PITANCHOIS.

On va les chercher vos gants... (Il regarde partout.)

* Louise, Georgette, Dubrancard, Pitanchois.

GEORGETTE.

Vous m'avez parlé ce matin d'une commande de douze chapeaux.

DUBRANCARD.

A plumes...

GEORGETTE.

Nous en recauserons... En attendant je vous remercie d'avoir pensé à moi...

DUBRANCARD.

J'y pense, belle dame... (Il regarde autour de lui si Pitanchois ne l'écoute pas.) J'y pense souvent.

PITANCHOIS, qui était derrière Dubrancard, le poussant.

Dites donc, vous?...

GEORGETTE.*

Hein!... qu'est-ce que c'est?... Je vous enjoins de respecter monsieur... Laissez-nous...

PITANCHOIS.

Mais, mon supérieur.

GEORGETTE.

Vous raisonnez... aux arrêts!...

PITANCHOIS.

Aux arrêts!

GEORGETTE, lui désignant une chaise au fond du théâtre.

Mettez-vous là... et ne bougez pas... m'avez-vous entendue?

PITANCHOIS.

Voilà, mon supérieur... (Il va s'asseoir et reste immobile au fond du théâtre.)

LOUISE, à Georgette.

Il est jaloux.

GEORGETTE, à Louise.

Je vais le rendre furieux.

DUBRANCARD, à part.

C'est son frère ou son domestique...

GEORGETTE très-gracieusement.**

Excusez-moi, monsieur Dubrancard, et veuillez vous asseoir.

* Louise, Georgette, Pitanchois, Dubrancard.
** Louise, Georgette, Dubrancard, Pitanchois.

DUBRANCARD.

Merci... (Regardant toujours avec crainte Pitanchois qui lui fait des gestes de menace.) Nous disions qu'il s'agissait de douze chapeaux...

GEORGETTE.

Laissons, je vous prie, les chapeaux. Convenez qu'ils n'étaient qu'un prétexte pour vous introduire chez moi.

DUBRANCARD, embarrassé, regardant toujours Pitanchois.

Mon Dieu... mademoiselle.

GEORGETTE.

Pourquoi le nier?... vous avez l'air d'un galant homme... vos intentions sont pures, je n'en doute pas et si c'est comme je le pense pour demander ma main.

PITANCHOIS, bondissant sur sa chaise.

Sa main...

LOUISE, qui a vu le mouvement de Pitanchois, à Georgette.

Vas toujours !

GEORGETTE.

Si vous pensez réellement à m'épouser...

DUBRANCARD.

Permettez... Je... (S'animant.) Eh bien! oui... au fait... mademoiselle... je suis gentilhomme et propriétaire. J'ai cinquante ans... non, cinquante mille francs, sans compter quelques valeurs... Des docks... des lits militaires... et des petites voitures... J'ai le cœur jeune...

PITANCHOIS, se levant brusquement.

Mille millions de carabines ! *

GEORGETTE.

Rompre vos arrêts... au cachot.

DUBRANCARD.

Au cachot...

PITANCHOIS.

Mais, mon supérieur!

GEORGETTE.

Au cachot. (Désignant une grande armoire à droite.) Là !... dans cette armoire !...

PITANCHOIS.

L'armoire aux confitures !...

* Dubrancard, Louise, Georgette, Pitanchois.

GEORGETTE.

Obéissez... et plus vite que ça...

PITANCHOIS.

Je vais étouffer !

LOUISE.

Mais, restez donc tranquille !

DUBRANCARD, à part.

Ce tourlourou me taquine... il faudra que je sache... *

LOUISE.

J'espère que tu vas le congédier !...

GEORGETTE.

Maintenant, nous en voilà débarrassés !

DUBRANCARD.

Ou en étais-je?... (Reprenant.) Ah! je disais que j'avais quelques valeurs... un cœur ardent... une âme...

GEORGETTE, allant à la cheminée se verser un verre d'eau.

C'est bien... c'est bien... Cette scène m'a un peu fatiguée... nous reprendrons notre conversation plus tard. **

LOUISE.

La semaine prochaine.

DUBRANCARD.

Mais, belle dame...

GEORGETTE.

Tiens! vous avez oublié vos gants dans le sucrier !

DUBRANCARD.

Ah! diable! sans doute une plaisanterie de ce tourlourou ! *** (A part.) Ménageons-nous une rentrée... Ah! mon mouchoir dans cette caisse à bois. (Il jette son mouchoir dans une caisse placée près de la cheminée.)

GEORGETTE.

Au revoir, monsieur Dubrancard...

DUBRANCARD.

Au revoir, belles dames. (Il embrasse avec feu la main que lui tend Georgette. Pitanchois donne des coups de pied dans l'armoire.)

GEORGETTE.

Ne faites pas attention...

* Louise, Georgette, Dubrancard.
** Louise, Dubrancard, Georgette.
*** Louise, Georgette, Dubrancard.

DUBRANCARD, à part.

C'est égal, ce tourlourou me taquine.

LOUISE.

A la semaine prochaine.

ENSEMBLE.

AIR *du Caïd*.

DUBRANCARD.

Mes dames, au revoir !
Quelle chance,
Quelle espérance !
En disant au revoir
D'être son mari j'ai l'espoir.

GEORGETTE.

Adieu donc, au revoir !
Bonne chance !
Bonne espérance !
Adieu donc, au revoir,
De m'épouser il a l'espoir.

LOUISE.

Adieu donc, au revoir !
Bonne chance !
Bonne esperance !
Adieu donc, au revoir,
De l'épouser il a l'espoir.

SCÈNE XII

GEORGETTE, LOUISE, puis PITANCHOIS.* (On entend Pitanchois
donner des coups de pied dans l'armoire.

GEORGETTE.

Crois-tu qu'il enrage... Oh ! maintenant... je vais bien le forcer
à s'expliquer...

LOUISE.

Dis donc... il étouffe peut-être...

GEORGETTE, lui donnant la clef de l'armoire.

Va le délivrer.

LOUISE, ouvrant l'armoire.

Sortez, monsieur, j'ai obtenu votre pardon.

* Georgette, Pitanchois, Louise.

PITANCHOIS, *regardant partout.*

Ah ! il est parti !

GEORGETTE.

Monsieur Pitanchois... écoutez-moi...

PITANCHOIS.

Je vous écoute, mon supérieur...

GEORGETTE.

J'ai réfléchi depuis ce matin... et j'ai reconnu qu'il était impossible que vous restiez ici... près de moi...

PITANCHOIS.

Comment ! mamzelle.

GEORGETTE.

Cela pourrait faire causer... Il ne le faut pas... à dater de ce moment, vous êtes libre...

PITANCHOIS.

Libre !... mais je ne le veux pas... J'ai quatre ans à rester près de vous... et je veux les faire...

LOUISE.

Georgette vous en dispense...

PITANCHOIS.

Mais je ne m'en dispense pas, moi... je dois veiller sur vous...

GEORGETTE.

C'est inutile !... aujourd'hui même, vous chercherez une place... un emploi...

PITANCHOIS, *très-ému.*

Une place... une place... un emploi... ne plus vous voir... Ah ! tenez mamzelle je vois ce que c'est... c'est les propositions de ce vieux Polichinelle qui vous ont tourné la tête... mais raison de plus pour que je ne m'en aille pas... Vous êtes un' honnête fille... mais, vous pourriez vous laisser tenter... séduire peut-être...

LOUISE.

Ceci ne vous regarde pas... Georgette est assez grande pour savoir se conduire...

PITANCHOIS, *à Louise.*

Je ne vous parle pas... à vous...

LOUISE.

Et moi je vous parle... A-t-on jamais vu... ce petit monsieur là... parce qu'il ne veut pas se marier, il faut que personne ne se marie...

PITANCHOIS, à Georgette.

Se marier... c'est donc bien vrai, mamzelle... ce vilain oiseau de Dubrancard... va vous épouser...

GEORGETTE.

C'est possible... ça ne vous regarde pas...

PITANCHOIS, se désespérant.

Guignon de guignon des cent milles guignons... Oh ! mais non... c'est pas possible... vous dites ça pour me vexer...

LOUISE.

Vous croyez...

UN DOMESTIQUE, paraissant au fond avec un bouquet et des boîtes.

Pour mademoiselle Georgette...

GEORGETTE.

Pour moi ?...

LE DOMESTIQUE.

De la part de monsieur Dubrancard...

PITANCHOIS.

Un bouquet !... des cadeaux... (Avec force.) C'est pas ici...

LOUISE, prenant le bouquet et les cadeaux.

Comment !... ce n'est pas ici...* Remerciez monsieur Dubran-card... en attendant que mademoiselle Georgette puisse le remercier elle-même.

(Le domestique sort.)

PITANCHOIS, très-ému.

Vraiment ! mamzelle, vous acceptez...

LOUISE, ouvrant les cartons.

Vois donc... un cachemire...** Des robes de soie... une véritable corbeille de mariage...

PITANCHOIS.

Mais vous ne devez pas...

GEORGETTE.

Que vous importe ? puisque vous ne voulez pas m'épouser...

PITANCHOIS, embarrassé.

Je ne veux pas, non... mais je ne veux pas non plus qu'un autre vous épouse...

* Georgette, Louise, Pitanchois.
** Pitanchois, Georgette, Louise.

2.

LOUISE.

Il est charmant...

GEORGETTE.

Voyons, faites votre paquet.

PITANCHOIS.

Eh ben ! non !... je ne m'en irai pas... et quant à votre mariage,
je saurai ben l'empêcher...

GEORGETTE.

Vous ?

LOUISE.

Et comment, s'il vous plaît ?

PITANCHOIS.

J' sais pas encore... mais je verrai... je chercherai... j'inven-
terai...

GEORGETTE.

Qu'est-ce que vous inventerez, je vous prie ?...

PITANCHOIS.

Dame !... s'il le faut... je ferai comme le tambour-maître...

GEORGETTE.

Le tambour-maître !...

LOUISE.

Eh bien ! qu'est-ce qu'il a fait, le tambour-maître ?...

GEORGETTE.

Voyons... répondez... qu'est-ce qu'il a fait ?...

PITANCHOIS.

C'est la prem' clar'nette...

LOUISE.

Encore ?

PITANCHOIS.

Et l' chapeau ch'nois... qu'étaient en s'ciété avec une particu-
lière... alors le tambour-major qui avait fait venir une bouteille de
vin... mais, messieurs les officiers et s's-officiers qui la tenaient par
la taille, l'ont flûtée... alors, le col'nel et l'captaine s'a mêlé de l'affaire... bref, le maréchal-des-logis-chef a dit du mal d'elle... et
l'mariage a été rompu.

LOUISE.

Oh !

GEORGETTE, indignée.

Très-bien !... Ainsi, vous irez trouver monsieur Dubrancard...

vous lui direz du mal de moi, ou plutôt vous en inventerez? Monsieur Pitanchois... vous êtes un ingrat... et je vous ordonne de sortir...

LOUISE.

Très-bien...

PITANCHOIS.

Mais, mon supérieur !

GEORGETTE.

Il n'y a plus de supérieur... je vous chasse...

PITANCHOIS.

Oh !

GEORGETTE.

Entendez-vous bien ? je vous chasse... je ne veux plus vous voir... je ne veux plus entendre parler de vous... Cet argent que vous me devez, gardez-le... mais sortez... sortez... sortez tout de suite...

PITANCHOIS, pleurant.

Eh bien ! oui... je m'en vais... mais je sais ousque je vas aller...

GEORGETTE.

Allez où vous voudrez... mais sortez... *

ENSEMBLE.

AIR : Ton feutre prend un bain.

GEORGETTE.

Pas de faux désespoir !
Redoutez ma colère !
Et maintenant j'espère
Ne jamais vous revoir.

LOUISE.

Pas de faux désespoir !
Redoutez sa colère !
Maintenant elle espère
Ne jamais vous revoir.

PITANCHOIS.

Hélas ! mon désespoir
Augmente sa colère.
Le fond de la rivière
Voilà mon seul espoir.

(Pitanchois sort désespéré par le fond, et Georgette entre à gauche.)

* Georgette, Pitanchois, Louise.

SCÈNE XIII

LOUISE, puis PITANCHOIS, puis GEORGETTE.

LOUISE.

Oh! les hommes!... Il y a des moments où on serait heureuse d'en étrangler trois ou quatre...* (Pitanchois rentre timidement par la porte du fond.)

PITANCHOIS.

Mamzelle!...

LOUISE, brutalement.

Hein?... Qu'y a-t-il?... Que voulez-vous?

PITANCHOIS, très-ému.

Je veux parler à mademoiselle Georgette.

LOUISE.

C'est inutile!... Elle n'est pas là.

PITANCHOIS, faisant un pas vers la gauche.

Faut que je la voie!

LOUISE.

Vous ne la verrez pas!... Vous n'avez donc pas de cœur?...

PITANCHOIS.

Moi, mamzelle!

LOUISE.

Vous conduire comme ça avec elle!....Après tous les sacrifices qu'elle a faits pour vous!... la menacer de la perdre!... d'aller dire du mal... Vous mériteriez qu'elle vous arrachât les yeux!...

PITANCHOIS.

C'est qu'aussi l'idée de la voir épouser ce vieux singe-là!...

LOUISE.

Bêta!... Est-ce qu'elle y a jamais pensé!...

PITANCHOIS, avec joie.

Comment!... ce mariage...

* Louise, Pitanchois.

LOUISE.

Vous refusiez de vous expliquer... il fallait bien vous rendre jaloux... vous taquiner un peu...

PITANCHOIS.

Bah ! c'était... (Il pleure.)

LOUISE.

Mais, sans doute !... Allons, voyons... essuyez vos yeux... Vous
n'êtes pas beau quand vous pleurez... (Pitanchois s'essuie les yeux.)
Riez un peu, pour voir.

PITANCHOIS, s'efforçant de rire.

Ah !... ah !... ah !...

LOUISE.

Mieux que ça !

PITANCHOIS, riant.

Ah ! ah ! ah !...

LOUISE.

A la bonne heure !... Il y a peut-être un moyen de réparer tou^t
cela...

PITANCHOIS.

Oh ! oui, mamzelle... faut réparer... réparons !

LOUISE.

Vous allez vous jeter à ses genoux... lui demander pardon...

PITANCHOIS.

Tout de suite ! *

LOUISE, le retenant.

Un instant !... Vous lui direz que c'était le désespoir... la ja-
lousie...

PITANCHOIS.

C'est vrai !

LOUISE.

Et vous profiterez du moment où elle s'attendrira pour lui dire
que vous l'aimez... que vous n avez jamais aimé qu'elle...

PITANCHOIS, avec feu.

Oh ! ça !...

LOUISE.

Et vous lui demanderez sa main.

PITANCHOIS, interdit.

Sa main !...

* Pitanchois, Louise.

LOUISE.

Eh bien ! oui... sa main... Vous hésitez encore !...

PITANCHOIS, très-troublé.

Je n'hésite pas, mamzelle ; mais, c'est que...

LOUISE, étonnée.

C'est que... quoi?... (Voyant Georgette qui rentre par la gauche.) C'est elle !

GEORGETTE, à Pitanchois.

Encore ici !... Laissez-nous, je vous prie !

PITANCHOIS.

Mamzelle !...

GEORGETTE.

Laissez-nous !

LOUISE, poussant Pitanchois.

Parlez-lui donc !...

PITANCHOIS.

Mamzelle...

GEORGETTE.

Je vous ai prié de nous laisser...

LOUISE, poussant Pitanchois.

C'est que le pauvre garçon ne veut pas s'en aller sans que tu l'aies pardonné.

GEORGETTE, tendant la main à Pitanchois.

Oh ! je vous pardonne, monsieur Pitanchois... je vous pardonne ; mais j'ai à causer avec mon amie... adieu.

LOUISE, à Pitanchois.

Allez donc !

PITANCHOIS.

Mamzelle !...

LOUISE.

Demandez-lui donc sa main !

PITANCHOIS, qui a pris la main de Georgette, après un effort violent.

Adieu, mamzelle. (Il sort vivement par le fond.)

* Georgette, Pitanchois, Louise.

SCÈNE XIV

LOUISE, GEORGETTE. *

LOUISE, très-étonnée.

Comment! il s'en va!... Ah! c'est trop fort!...

GEORGETTE, avec dépit.

Aussi, maintenant, c'est fini à jamais!... J'étais là, tout à l'heure... J'ai entendu le conseil que tu lui as donné... il n'avait qu'un mot à dire... je lui accordais ma main... Tout était oublié!... il ne l'a pas dit... Oh! c'est affreux!

LOUISE.

Le fait est que je ne comprends plus rien à ce garçon-là!

GEORGETTE.

C'est un perfide, qui ne m'aime plus! peut-être ne m'a-t-il jamais aimée!

LOUISE.

Console-toi... et oublie-le!

GEORGETTE.

Oh! il est oublié déjà!... les ingrats, ça s'oublie vite!... Tu vas descendre chez la portière lui dire de ne plus laisser monter ce monsieur-là!... Je ne veux plus le revoir!

LOUISE.

Et tu feras bien! mais, voyons, sois calme... Tiens mets-toi là... prépare de l'ouvrage, nous allons travailler ensemble.

GEORGETTE.

C'est cela... mais, va... je t'en prie!...

LOUISE.

Oh! les hommes! les hommes!... (Elle sort par le fond.)

SCÈNE XV

GEORGETTE, disposant la table.

Voyons, n'y songeons plus!... Louise a raison... oublions-le...

* Georgette, Louise.

Oh! certainement que je l'oublierai!... Un méchant garçon!... un mauvais cœur!... Travaillons pour nous distraire!... Oh! ce travail m'ennuie!... Je ne sais ce que j'éprouve... mais jamais cette chambre ne me parut plus triste!

SCÈNE XVI

LOUISE, GEORGETTE, puis DUBRANCARD.

LOUISE, rentrant.

C'est fait!...*

GEORGETTE.

Ah! te voilà!

LOUISE.

Le pioupiou est consigné... Tiens, voici une lettre que ta concierge m'a chargée de te remettre...

GEORGETTE.

D'Isigny... Oh! je sais ce que c'est... c'est du fils du maître d'école... un petit imbécile, qui s'est amouraché de moi!

DUBRANCARD, entrant, à part.

Elles sont seules... bravo!

LOUISE, voyant Dubrancard.

Tiens! le Dubrancard! **

GEORGETTE.

Quelle contrariété!...

DUBRANCARD,

Pardon, belles dames... Mais c'est mon mouchoir que j'ai oublié...

LOUISE.

Encore un prétexte!... mais vous n'en avez pas besoin... Entrez donc, monsieur Dubrancard... Et asseyez-vous... (Louise bas à Georgette.) Dis-lui quelque chose...

GEORGETTE, bas à Louise.

Que veux-tu que je lui dise... Il m'ennuie. (Dubrancard s'assied. — Les deux jeunes filles travaillent.)

LOUISE, bas à Georgette.

Va donc!

* Louise, Georgette.
** Louise, Georgette, Dubrancard.

SCÈNE XVI

GEORGETTE.

Il fait bien beau aujourd'hui...

DUBRANCARD.

Oui... la lune est nouvelle...

LOUISE.

Votre bouquet est d'un goût... monsieur Dubrancard... Du reste comme tout ce que vous avez choisi...

DUBRANCARD.

Ah ! vous avez daigné jeter les yeux... (A Georgette.) Et puis-je espérer ?... (Il veut lui prendre la main.)

GEORGETTE.

Prenez garde... Je pourrais vous piquer...

DUBRANCARD, à part.

Elle est charmante... (Haut.) Vous ne savez pas... vous allez dire que je suis bête...

LOUISE.

Oh! monsieur Dubrancard...

DUBRANCARD.

Si!... vous allez le dire!... Ce matin... J'étais jaloux...

GEORGETTE.

Jaloux... Et de qui donc?

DUBRANCARD.

Mais de ce soldat que je voyais constamment auprès de vous...

GEORGETTE.

De M. Pitanchois ?

LOUISE.

Vous aviez bien tort.

DUBRANCARD.

Dame ! écoutez donc !... Un pantalon garance chez une modiste... Je croyais qu'il voulait vous épouser.

GEORGETTE.

Oh ! quelle idée !... Il n'y pense guère.

DUBRANCARD.

Il n'y a même jamais pensé... je sais bien...

GEORGETTE.

Comment !... vous savez...

DUBRANCARD.

Mais oui... Figurez-vous que sa présence me taquinait... et comme j'avais retenu son nom et le numéro de son régiment... je suis allé à la caserne.

GEORGETTE.

A l'Ave-Maria...

DUBRANCARD.

Précisément... J'ai vu son sergent-major, qui m'a tout raconté...

GEORGETTE.

Tout... quoi ?

DUBRANCARD.

Eh bien !... ce que vous savez... l'histoire de ses amours.

GEORGETTE, se levant.

De ses amours !...

DUBRANCARD.

Je suis tout à fait rassuré maintenant... Je sais qu'il ne peut pas vous épouser.

LOUISE, se levant.

Ah !... il ne peut pas... et pourquoi donc ?

DUBRANCARD.

Comment !... Vous ne savez pas... mais c'est très-joli.

LOUISE.

Oh ! racontez-nous ça, mon petit monsieur Dubrancard (le cajolant), je vous en prie...

GEORGETTE, le cajolant.

Oh ! oui, racontez-nous ça... Voyons : soyez gentil...

DUBRANCARD.

C'est que je crains de vous ennuyer...

LOUISE.

Mais au contraire... nous avons un plaisir extrême à vous entendre...

GEORGETTE.

Je ne sais... mais il y a dans votre voix un quelque chose... Racontez-nous ça... (Elles se groupent autour de lui.)

* Louise, Dubrancard, Georgette.

DUBRANCARD, les regardant tour à tour, à part.

Elles sont chatoyantes !... (Haut.) Eh bien ! voilà ce que c'est... Il paraît que dans son pays... à... à...

GEORGETTE.

A Isigny...

DUBRANCARD.

A Isigny... c'est ça... Le pauvre diable est lié par une promesse...

LOUISE.

Une promesse...

DUBRANCARD.

Qu'il a faite à une jeune fille... une nommée Nanette qui, à ce qu'il paraît, a soigné sa mère, pendant sa dernière maladie... Par reconnaissance il a promis de l'épouser...

GEORGETTE.

Il l'aime sans doute...

DUBRANCARD.

Mais, pas du tout... il la connaît à peine... Et puis elle est affreuse... elle est grêlée... mais il est lié par son serment... Il a juré au lit de mort de sa mère... c'est très-bien... moi, je trouve ça très-bien... n'est-ce pas ?... (Les deux jeunes filles se sont éloignées de lui.) C'est un garçon de cœur... Du reste tous ses anciens camarades m'en font le plus grand éloge...

GEORGETTE, à Louise.

Brave garçon !... et moi qui l'ai chassé... *

LOUISE, à Georgette.

Il ne doit pas être encore bien loin... Attends... (Haut.) Monsieur Dubrancard...

DUBRANCARD.

Ma toute belle !

LOUISE.

Remportez ceci...

DUBRANCARD, étonné.

Mon bouquet ?

GEORGETTE.

Et tout cela avec...*

DUBRANCARD, étonné.

Mes cadeaux... (A part.) Qu'est-ce qu'elles ont donc ?... (Haut.) Mais il me semble qu'aux termes où nous en sommes...

* Dubrancard, Georgette, Louise.
* Georgette, Dubrancard, Louise.

GEORGETTE.

Aux termes où nous en sommes... mais je crois, monsieur, ne vous avoir donné aucun droit...

DUBRANCARD, interdit.

Sans doute... mais... mais je croyais...

LOUISE.

Vous aviez tort...

DUBRANCARD.

Mais, j'avais cru...

GEORGETTE.

Vous vous trompiez.

LOUISE.

Emportez...

DUBRANCARD.

Permettez, pourtant...

GÉORGETTE

Désolée, monsieur... mais il m'est impossible d'en écouter davantage... (Dubrancard se charge de son bouquet et de ses cartons.)

LOUISE, ouvrant la porte du fond.

Permettez que je vous reconduise... *

DUBRANCARD, à part.

Mais, qu'est-ce qu'elles ont donc ?

LOUISE.

Dieu ! Pitanchois qui monte l'escalier...

DUBRANCARD.

Le pioupiou !...

GEORGETTE.

Il ne faut pas qu'il vous voie...

DUBRANCARD.

Pourquoi donc ?

LOUISE.

Ça ne vous regarde pas !... (Lui montrant la droite.) Entrez là.

DUBRANCARD.

Mais...

* Georgette, Louise, Dubrancard.

LOUISE, le faisant entrer.

Entrez donc !... (A Georgette.) Je te laisse avec lui... Ne lui parle pas du Dubrancard surtout...

GEORGETTE.

Ne crains rien... Pauvre garçon !... nous l'avons fait assez souffrir... (Louise entre à gauche, Pitanchois entre par le fond.)

SCÈNE XVII

PITANCHOIS, GEORGETTE.*

PITANCHOIS, la voix émue et une badine à la main.

C'est moi... Eh ! eh ! (Il rit.)

GEORGETTE.

Vous !...

PITANCHOIS.

Oui... vous m'avez chassé... Hi ! hi ! (Chanté.)

AIR : *A la Monaco.*

L'on chasse et l'on déchasse.

(Il danse. Se retenant à une chaise.)

Oh ! là, là !... arrêtez vot' chevau...

GEORGETTE.

Mais qu'avez-vous donc ?

PITANCHOIS.

Je suis... guilleret... je suis guilleri... compère Guilleri... (Il fait aller sa badine.)

GEORGETTE.

Mais il a bu...

PITANCHOIS.

Oh !... oui... j'ai bu... mais si peu... si peu... que j'ai encore soif... et quand j'ai bu, moi, je suis malhonnête !... je bats les femmes ! (Jeu de badine.)

GEORGETTE, se reculant.

Hein ?... mais, que venez-vous faire ?

* Pitanchois, Georgette.

3.

PITANCHOIS.

Je viens chercher mes papiers...

GEORGETTE.

Vos papiers?

PITANCHOIS.

J' sais ous qu'ils sont... Ne vous dérangez pas... j'vas les prendre... (Il va à la commode.)

GEORGETTE, à part.

Ce pauvre garçon... c'est par désespoir... qu'il se sera mis dans cet état... Ah mon Dieu! que faites-vous?

PITANCHOIS, tout en fouillant dans la commode a jeté en l'air tout ce qu'elle contient.

Faites pas attention!... C'est un air de gaieté!... Eh! eh!...* ah! tenez... j'y songe... v'là pour vous. (Il fouille à sa poche.) Prenez...

GEORGETTE, prenant.

Que vois-je? deux billets de mille francs.

PITANCHOIS.

Très-bien!... Vous avez trouvé deux mille francs pour moi... Je les ai trouvés pour vous les rendre... Eh! eh! est-ce assez gai ça?

GEORGETTE.

Vous ne voulez donc plus rien me devoir?...

PITANCHOIS.

Non! oh si!... quand même que nous serions quittes... je vous devrais encore quelque chose.

GEORGETTE.

Quoi donc?

PITANCHOIS.

Je vous devrai mon malheur!... Eh! la petite mère... vous ne vous attendiez pas à celle-là... Ous qu'est le billet, que je parte...

GEORGETTE.

Partir?... où ça?

PITANCHOIS.

Ah! v'là une chose qui ne vous regarde pas... Allons, allons, mon reçu.

GEORGETTE.

Plus tard, plus tard...

* Georgette, Pitanchois.

PITANCHOIS.

Mon reçu, qu'il me faut...

GEORGETTE.

Non, je ne veux pas...

PITANCHOIS.

Ah!... on regimbe!... Prenez garde!... je suis gris... mais je suis gai!... et quand je suis gai... oust!... (Il fait cingler sa badine.)

GEORGETTE.

Oh! vous n'oseriez pas...

PITANCHOIS.

Non... je mettrais des breloques pour ça... Mon billet... ou... (Il lève sa badine.)

GEORGETTE, dignement.

Vous allez **l'avoir**, votre billet... (Elle entre à gauche.)

SCÈNE XVIII

PITANCHOIS, puis DUBRANCARD.

PITANCHOIS, atterré.

Mamzelle Georgette!... Elle s'est enfermée!... J'ai levé ma badine sur... mais c'est mon supérieur... et je mérite... (S'animant.) Oh! je m'en veux... j'en veux à tout le monde... et s'il me tombait sous la main... (Il remonte, désespéré.)

DUBRANCARD, reparaissant avec ses paquets sous le bras.

Je n'entends plus rien. *

PITANCHOIS, l'apercevant.

Voilà mon affaire!...

DUBRANCARD.

Aïe... le militaire!...

PITANCHOIS.

Nous allons causer un peu.

DUBRANCARD.

Je n'aime pas la conversation.

PITANCHOIS, le retenant par un bouton.

Ne bougez pas... Je vas vous dire... j'ai commis un crime.

* Pitanchois, Dubrancard.

DUBRANCARD.

Hein !

PITANCHOIS.

J'ai mérité le trépas... mais avant... nous allons badiner un peu...
Je vas te démolir...

DUBRANCARD.

Me démolir... Lâchez-moi...

PITANCHOIS.

Je suis généreux... je te donne trois pas *d'escar*... Hue! là!...
A la course... hue donc.

DUBRANCARD.

Au secours !... à la garde!... Maman!... maman!... (Georgette et
Louise rentrent.)

SCÈNE XIX

LES MÊMES, GEORGETTE, LOUISE.[**]

GEORGETTE.

Eh bien!... qu'y a-t-il encore ?...

PITANCHOIS, dégrisé.

Oh!... mon supérieur... il y a que je suis un misérable... Oh!
pardon! pardon, mamzelle... mais la tête n'y était plus... Qu'on
me juge!... qu'on me fusille...

GEORGETTE.

Soldat, vous avez levé la main sur votre supérieur.

DUBRANCARD.

Diable ! mais c'est grave!...

GEORGETTE, à Pitanchois.

Devant un conseil de guerre, l'ivresse même n'est pas une excuse.

PITANCHOIS.

Qu'on me juge... qu'on me fusille!..

GEORGETTE.

C'est bien !... le conseil va s'assembler.

Dubrancard, Pitanchois.
[**] Louise. Georgette, Pitanchois, Dubrancard.

LOUISE, à Georgette.

Que vas-tu faire?...

GEORGETTE, à Louise.

Tu vas voir... (Haut.) Greffier, prenez place.

DUBRANCARD, à part.

Un conseil de guerre!... si je m'en allais!... (Il fait quelques pas.)

GEORGETTE.

Témoin... monsieur Dubrancard... faites votre déposition. *

DUBRANCARD.

Ma déposition... c'est pour rire... ah! ah! ah!

GEORGETTE, à Louise.

Écrivez que le témoin a ri bêtement au nez du tribunal.

DUBRANCARD.

Mais...

GEORGETTE.

Silence!... Accusé Pitanchois, approchez!... Avez-vous quelque chose à dire pour votre défense?

PITANCHOIS.

Je dis que je suis un misérable!... Qu'on me juge... qu'on me fusille ! **

DUBRANCARD, à part.

Mais c'est la Tour de Nesles... Si j'allais être complice d'un assassinat !

GEORGETTE, gravement.

Le crime de voies de fait envers un supérieur ayant été reconnu par le soldat Pitanchois lui-même, le conseil a décidé que l'accusé écouterait la lecture de son jugement à genoux et les yeux bandés... (A Dubrancard.) Témoin, bandez les yeux de l'accusé...

DUBRANCARD.

Avec plaisir.

PITANCHOIS.

S'il me touche, je le mords!

GEORGETTE, une lettre à la main.

« Attendu que le sieur Pitanchois, en quittant Isigny a promis mariage à la nommée Nanette... »

PITANCHOIS.

Quoi ! vous savez?...

* Louise, Georgette, Dubrancard, Pitanchois.
** Louise, Georgette, Pitanchois, Dubrancard.

LOUISE.

Silence !

GEORGETTE, continuant.

« Attendu que, malgré cette promesse, le sieur Pitanchois n'a pas craint de s'introduire chez la demoiselle Georgette et de lui faire la cour, que cette conduite mérite tous les supplices... »

PITANCHOIS, avec désespoir.

Oh ! oui !

DUBRANCARD.

Oh ! oui ! (Mouvement de menace de Pitanchois à Dubrancard.)

GEORGETTE.

« Mais, attendu qu'il résulte d'une lettre arrivée aujourd'hui même d'Isigny, que la nommée Nanette vient de se marier... »

PITANCHOIS, avec explosion.

Nanette mariée !...

DUBRANCARD.

Silence !

PITANCHOIS, allant prendre la lettre des mains de Louise.

Mariée !... (Parcourant la lettre.) Oui !... mais, alors, je suis libre !... (Sautant au cou de Louise.) Ah ! mademoiselle ! (Sautant au cou de Dubrancard.) Ah ! père Dubrancard !...

DUBRANCARD.

Pas de familiarité !... et écoutez votre sentence !

PITANCHOIS.

Ma sentence !... mais, j'en appelle !... (Se jetant aux genoux de Georgette.) Car, maintenant, je puis vous le dire : je vous aime !... je n'ai jamais aimé que vous !... et, si vous refusez de me prendre pour mari...

GEORGETTE.

Vous... mon mari... Un monsieur qui se grise !

PITANCHOIS.

C'était le désespoir !... Mais, si vous me pardonnez, je jure de ne plus boire que de l'eau...

LOUISE.

Vous le jurez ?

PITANCHOIS.

Sur les cheveux de Dubrancard. (Il lui enlève sa perruque.)

DUBRANCARD, furieux.

Mais, finissez donc, tourlourou !

PITANCHOIS, suppliant, à Georgette.

Mademoiselle Georgette.

GEORGETTE.

Dame !... ce sera peut-être votre punition !

PITANCHOIS.

Ah ! je suis content, je suis heureux, je suis... (Changeant de ton.) Ah ! mon Dieu ! mais ce mariage est impossible.

GEORGETTE.

Pourquoi çà ?

PITANCHOIS.

Dans mon désespoir pour rendre à mademoiselle Georgette les deux mille francs que je lui devais je suis allé trouver une brave femme dont le fils est soldat, je me suis vendu !... je m'ai engagé.

LOUISE.

Une fois marié, on ne voudra plus de vous au service...

GEORGETTE.

Et vous n'aurez qu'à rendre les deux mille francs.

PITANCHOIS.

C'est juste !...

DUBRANCARD, à part.

Je n'ai plus qu'à m'en aller.

LOUISE, qui s'est approchée de la caisse à bois et qui a pris le mouchoir que Dubrancard y avait jeté.

Votre mouchoir que vous oubliez, monsieur Dubrancard. (Dubrancard qui l'a pris, s'essuie la figure et se noircit.)

PITANCHOIS.

Adieu père Dubrancard ! ah ! ah !

TOUS, riant.

Ah ! ah ! ah !

DUBRANCARD.

Qu'est-ce qu'ils ont donc ? J'ai quelque chose sur la figure. (Il s'essuie et se noircit davantage.)

TOUS, riant.

Ah ! ah !

FINAL.

Air de Mangeant.

GEORGETTE, à Pitanchois.

Désormais, sur votre courage,
Je pourrai compter, je le gage,
Puisque vous voilà mon époux.

PITANCHOIS.

N' craignez plus rien, j' suis votre époux.

GEORGETTE, lui montrant le public.

Allons, monsieur, sans plus attendre,
Voici l' moment de me défendre.
     Allons,
     Voyons !

PITANCHOIS.

J'ai peur maintenant plus que vous.

GEORGETTE, au public.

Taisez-vous, taisez-vous
C'est son premier jour d'exercice ;
Dans nos rangs il prend du service,
Accueillez-le donc sans couroux (*bis*).
     Calmez-vous (*quatre fois*),
Ce soir, messieurs, point de courroux !

TOUS.

Calmez-vous, etc.

* Georgette, Pitanchois, Louise, Dubrancard.

FIN

Paris. — Imp. de la Librairie Nouvelle, A. Bourdilliat, 15, rue Breda